HUGO DE AZEVEDO

O QUE OS FILHOS ESPERAM DOS PAIS

5ª edição

QUADRANTE

São Paulo
2023

Copyright © 1993 Quadrante Editora

Capa
Provazi Design

Dados Internacionais de Catalogação na Publicação (CIP)

Azevedo, Hugo de
  O que os filhos esperam dos pais / Hugo de Azevedo — 5ª ed. — São Paulo: Quadrante, 2023.

  ISBN: 978-85-7465-527-7

  1. Ajuda familiar à educação 2. Cuidados e educação de crianças I. Título

CDD-370.158

Índice para catálogo sistemático:
1. Ajuda familiar à educação : Cuidados e educação de crianças 370.158

Todos os direitos reservados a
QUADRANTE EDITORA
Rua Bernardo da Veiga, 47 - Tel.: 3873-2270
CEP 01252-020 - São Paulo - SP
www.quadrante.com.br / atendimento@quadrante.com.br

SUMÁRIO

A família ideal e a família modelo 5

O que os pais devem aos filhos..................... 11

A paternidade fraterna................................ 15

Os sonhos mútuos 18

A vida 21

Lar estável 24

Conhecimento mútuo 26

Amor 28

Irmãos.. 32

Respeito 34

Confiança... 37

Verdade 41

Autonomia	45
Liberdade	50
Dinheiro	53
Exemplo	56
Amizade	60
Compreensão	65
Autoridade	68
Conselho	73
Alegria	76
Fé	81
Doutrina e vida	84
Oração	88
Saudades, perdão, fraqueza...	91

A família ideal e a família modelo

Fazia notar alguém como é curioso que se vá pondo de moda o termo *grupo familiar* precisamente agora, que a família se vai desagrupando...

É um triste fenômeno, que reflete o individualismo crescente de uma sociedade massificada — paradoxo vivo, mas perfeitamente explicável. Deixo, no entanto, a sua análise aos sociólogos e psicólogos, e registro apenas que é um triste fenômeno, e que, pelo fato de ser moderno, não significa que seja inevitável nem positivo. Pelo contrário, é mau e desumano, e está a requerer soluções urgentes.

A solução radical pertence aos pais. São eles os primeiros responsáveis pela família que constituíram, e o que devem fazer em primeiro lugar é formar a imagem correta de um ambiente doméstico sadio e esforçar-se por levá-la à prática.

Mas, cuidado: não sejam superficiais. Não imaginem simplesmente uma casinha amorosa, onde todos se dão bem, há dinheiro para tudo e todos gozam de boa saúde... Isso não é projeto nenhum; é um sonho preguiçoso. Por causa de tais sonhos é que muitos pais desanimam, pois a vida geralmente não segue bem esse caminho.

Têm de ir mais ao fundo. O êxito da família não está no sorrisinho dentifrício do grupo familiar em torno do bolo de aniversário. O êxito da família é composto dos êxitos de cada um dos seus membros; e estes, por sua vez, serão bons pais e bons filhos, se seguirem o modelo da Casa de Nazaré. Por isso, gosto de distinguir a família *ideal* da família *modelo*.

A ideal é a que se idealiza, a que se sonha; e pode ser de muito diverso gênero: desde a família patriarcal, que chega a netos, bisnetos e trinetos, ao duplo casal, ou seja, ao casal dos pais mais o casalzinho de filhos, menino e menina, lindos e bem prendados; desde a família comercial, em que as gerações se sucedem no negócio dos pais, que já era dos avós e dos bisavós, à família de salão, visita e festa, sem olhar as dívidas nem as falências; desde a família poderosa, com influências políticas por toda a parte, à família *hippie* no paraíso dos drogados; etc.

A família modelo é a de Jesus, Maria e José, e não coincide com nenhum desses ideais nem teve grande êxito social. No lar de Nazaré houve só um Filho; o marido esteve a ponto de se separar da esposa; e houve desgostos e desconcertos com o Menino. Este, em plena adolescência, escapou dos pais, e, apesar do reencontro e do diálogo, os três não chegaram a compreender-se logo, segundo nos atesta São Lucas.

Além disso, sofreram muito, e durante os primeiros tempos tiveram de viver como ciganos, de Nazaré para Belém, de Belém para o Egito, do Egito novamente para Nazaré... O pai faleceu relativamente cedo; o Filho saiu de casa aos trinta anos, foi caluniado, perseguido e morto, de morte infamante, no tormento da Cruz... A mãe ficou sozinha e foi albergada por um dos amigos do seu Filho, um jovem pescador, João... Quem tomaria esta história familiar como ideal a atingir? E, todavia, foi modelo. Por quê?

Porque cada um dos seus membros cumpriu absoluta e generosamente a vontade de Deus. Maria teve um só Filho, que foi quantos Deus quis; Maria e José foram fidelíssimos um ao outro e puseram-se sempre ao serviço de Jesus; e Este amou-os muito e obedeceu-lhes sempre, sem deixar de obedecer primeiro ao Pai do Céu.

Aí está: o que é decisivo é cumprir em tudo a vontade de Deus. O restante, os acontecimentos concretos da vida, é coisa secundária. O importante é que o pai se preocupe por ser bom pai, a mãe boa mãe e os filhos bons filhos.

Sendo todos bons, não se pense, porém, que tudo *correrá às mil maravilhas*, no sentido em que isto habitualmente se diz. Talvez a vida familiar seja realmente tranquila e agradável, ou talvez não... E, sendo todos egoístas, pode acontecer que o ambiente doméstico pareça um inferno, ou talvez não, pois às vezes os egoísmos organizam-se tão engenhosamente, que aquilo parece um hotel de luxo... E pode acontecer que, na mesma família, uns sejam bons, outros melhores e outros piores...

O fundamental é reparar que a família é responsabilidade de cada um dos seus membros, e que cada um se deve esforçar por cumprir bem as exigências de amor que a família traz consigo. O êxito da família é, afinal de contas, o somatório dos êxitos de cada um dos seus componentes no amor a Deus e aos outros.

Para ajudar os pais na sua difícil tarefa, sugeriu-me um amigo que escrevesse um livrinho enfocando a questão numa perspectiva pouco habitual: fazendo ver o que os filhos esperam dos pais.

Os pais honestos pautam a sua conduta pelos princípios morais que receberam, e fazem bem; mas talvez esses princípios se vejam melhor e de forma mais prática quando se repara no seu critério básico: o bem dos filhos. E como, para muitos, Deus parece distante e os filhos próximos, vale a pena fazer-lhes *sentir* o que Deus espera deles através do que deles esperam os filhos.

Por outro lado, os pais, naturalmente, sonham com os filhos, com a sua felicidade futura, e tendem a conduzi-los de acordo com essas suas esperanças, ou projetos, forçando-os, muitas vezes inconscientemente, a seguir determinado caminho, o que pode dar origem a abusos de autoridade paterna e a sucessivos fracassos, tanto dos pais como dos filhos. É conveniente, portanto, que se coloquem na posição dos filhos, pois assim hão de aferir melhor a sensatez e a legitimidade das suas atitudes para com eles.

O que os pais devem aos filhos

Quando aquele amigo me pediu que escrevesse sobre este tema, escolheu bem, porque sou filho há mais de cinquenta anos; mas também escolheu mal, porque eu nunca esperei nada dos meus pais: eles deram-me tudo o que eu precisava antes de eu lhes pedir fosse o que fosse. Contudo, tentarei imaginar o que eu esperaria deles se tivessem demorado a corresponder aos meus legítimos anseios.

Nessa hipótese, antes de esperar e de lhes pedir qualquer coisa, lembrar-lhes-ia que, ainda eu não era nascido, e já me deviam muito, visto que fora por minha causa (e por causa dos meus irmãos) que Deus lhes dera o amor de um pelo outro. E podia prová-lo.

O amor entre homem e mulher é um mistério maravilhoso, mas o seu fim, embora igualmente maravilhoso, não tem mistério nenhum. O fim do amor humano são os filhos. Pode acontecer, é claro, que um casal não venha a ter filhos, como pode suceder a um pescador que não pesque nada; mas o matrimônio destina-se à procriação, como a vara e a linha a apanhar peixes.

Na verdade, quando Deus fez os seres humanos com sexos diferentes, foi por um motivo importante; e assim como lhes deu pés para andar e não só para fazer cócegas, e a boca para comer e não só para assobiar, também não fez o sexo apenas para lhes dar gozo.

Enfim, é de senso comum que o fim essencial dos dois sexos complementares é o prolongamento da espécie humana, e que esse fim é maravilhoso, sagrado, importantíssimo, como a vida humana que deles procede.

E para que o homem se animasse a trazer mais homens ao mundo, Deus juntou ao sexo o estímulo do prazer, tal como nos deu o gosto de comer para que não nos desleixássemos na alimentação, fundamental para a sobrevivência de cada pessoa. Mas sobretudo deu o estímulo do amor; do amor, que une o homem e a mulher ainda mais estreitamente do que a atração sexual; do amor, que é uma riqueza imensa em muitos sentidos, principalmente no sentido de nos fazer entender a essência do próprio Deus, que é Amor, como diz São João, Amor fiel e fecundíssimo.

Portanto, os pais já devem muito aos filhos ainda antes de estes nascerem.

Devem-lhes o amor que Deus suscitou em ambos para trazerem os filhos à terra.

Mas, se eu tivesse a coragem de explicar isto aos meus pais, logo a seguir beijava-lhes as mãos, agradecendo-lhes profundamente esse amor que me deviam...

Sim, agradecia-lhes, porque o amor humano não é qualquer pessoa que o tem. Nem toda a gente é capaz dele: os egoístas, por exemplo, ou os depravados. Há quem nunca o tenha sentido, apesar de ser pessoa normalíssima e generosa. O amor é um dom de Deus. Mas há também quem nunca o possa sentir, quem não consiga sair da simples atração sensual ou do pinga amor... Porque o amor autêntico exige entrega, doação, e há quem não consiga ultrapassar a fase infantil e adolescente do receber (embora a generosidade deva começar logo na infância). Os egoístas crônicos não chegam ao amor, e, se chegam até ele, perdem-no logo; não o sabem manter.

Daí que muitos nunca enfrentem a sério o casamento. Por vezes, nem sequer o entendem. E, outras vezes, depois de casar, desfazem-no pelos motivos mais fúteis, ridículos e confusos, que nem eles próprios percebem, mas que, no fundo, são sempre os mesmos: o amor-próprio, e que ninguém os amole.

Por isso agradeço de todo o coração o amor que Deus suscitou entre os meus pais, e que eles aceitaram e guardaram fielmente porque não eram egoístas, mas generosos, capazes de se entregarem um ao outro, e ambos aos filhos.

A paternidade fraterna

Afinal, parece-me que o tema deste livrinho não é tão fácil como eu julgava, visto que demoro tanto a entrar nele... No entanto, já adiantei alguma coisa: que, se os filhos devem a vida aos pais, os pais devem, em boa parte, o amor entre eles aos filhos. E daí que, se os pais esperam muito dos filhos, os filhos também têm direito a esperar muito dos pais.

Há uma ligação profundíssima e íntima entre uns e outros. Lembro-me de ter ouvido dizer ao Fundador do Opus Dei que, se nos fosse possível escolher os nossos pais, escolheríamos exatamente os que temos, enchendo-os de todas as virtudes...

Sim, seria inevitável. Fazem parte de nós, como os braços e as pernas. Se fossem outros, nós também seríamos outros, e não nós mesmos. De fato, é impossível ver-nos sem os nossos pais. Eles fazem parte de nós e nós fazemos parte deles. Somos carne da sua carne. Somos *seus*, num sentido muito profundo da palavra, e eles são *nossos* verdadeiramente.

Mas, note-se bem, nem eles nem nós somos proprietários uns dos outros. O nosso único Pai é Deus. Pai absoluto, Dono e Senhor, só Ele. Aqui na terra, chamamos pai a quem nos gerou apenas por semelhança e participação da paternidade divina. De resto, somos iguais. Somos *irmãos*. Irmãos mais velhos — os pais — a quem Deus confiou irmãos mais novos — os filhos.

A relação fundamental entre uns e outros, portanto, é a de fraternidade. Uma fraternidade muito especial, sem dúvida, mas fraternidade, ao fim e ao cabo. É bom não o esquecer. Ou melhor: é muito importante tomar bem consciência disso. Se os pais o têm sempre presente, descobrem com toda a facilidade a melhor atitude a tomar com os filhos em cada caso.

Precisamente uma das habituais dificuldades do ambiente doméstico procede de os pais serem só pais da manhã à noite e da noite à manhã. Só sabem dar ordens, conselhos e repreensões, sem o mínimo intervalo de amiga e fraterna descontração, isto é, colocam-se ininterruptamente num plano superior de chefia e orientação, nas alturas inacessíveis de supremos juízes familiares.

Os sonhos mútuos

Agora, antes de falar mais concretamente do que os filhos esperam, queria falar de raspão daquilo que os pais esperam dos filhos, ou melhor, dos sonhos paternos, com que os filhos normalmente se aborrecem — com razão e sem razão. Com razão, porque não são bonecos para outros brincarem; sem razão, porque devem muito a esses sonhos do papai e da mamãe, e sem esses sonhos não seriam ninguém.

Não tenham dúvida: por mais absurdos que nos parecessem os sonhos dos pais a nosso respeito, foi por eles que descobrimos, primeiro, que somos pessoas importantes, merecedores de que sonhem conosco; e, segundo, que tínhamos nós próprios de sonhar com o nosso futuro. Sem esse olhar esperançoso dos pais, os filhos talvez nunca descobrissem a sua dignidade, o seu valor, a importância da sua vida para a sociedade, nem a necessidade de projetarem, com largueza e sentido de responsabilidade, o seu próprio futuro.

Todavia, se os pais sonham tanto com os seus filhos e esperam tanto deles, também os filhos sonham com os pais e esperam deles muitíssimo. Esperam tudo, desde o pão de cada dia às mais heroicas perfeições. Não há ninguém mais exigente do que um filho!

E como o sentem os pais! Até aqueles que não mexeriam um dedo para enriquecer ou aperfeiçoar-se, são capazes, por causa dos filhos, de superar todas as suas limitações materiais e morais para não os decepcionarem! De que extremos de sacrifício são capazes por esse motivo de amor, e quase sempre sem tomarem consciência do extraordinário valor da sua abnegada entrega aos que lhes nasceram do sangue!

Que surpresas hão de ter tantos pais e tantas mães quando o Senhor os julgar!

Vinde, benditos de meu Pai, porque tive fome e me destes de comer, tive sede e me destes de beber, estava nu e me vestistes... — Senhor, perguntarão eles, quando foi isso, que não me lembro? — Quando foi? Então não te lembras, se passaste a vida nisso? Quando deste de comer e beber aos teus filhos, quando fizeste horas extras para os vestir decentemente, quando os consolaste... — Ah, isso também valia? — Pois claro! *Foi a Mim que o fizeste!*

Só é pena que muitos pais vivam o seu amor heroicamente sem o referirem ao nosso Pai celestial e deem à sua vida familiar apenas um sentido humano. Nem por isso ficarão sem prêmio; contudo, que diferente seria se se habituassem a unir o amor aos filhos com o amor a Deus! Seria — e é, graças a Deus, em muitos casos — a santidade! Uma santidade oculta, humilde, simples, mas maravilhosa aos olhos do Senhor!

Quanto devem, portanto, os pais aos filhos! Por causa deles, quanto serviço prestam à sociedade com um trabalho esforçado, quantas tentações rejeitam, quanta fidelidade guardam no casamento, quanta paciência, e prudência, e humildade, e desprendimento, enfim, quanta virtude ganham, quanta caridade, quanta perfeição! E que glória receberão no Céu, do Senhor, agradecido!

Por isso, corresponder a todas as legítimas esperanças dos filhos é um negócio magnífico!

A vida

Se pudéssemos imaginar-nos antes de existir, o que mais ansiosamente esperaríamos dos nossos futuros pais seria que nos trouxessem depressa à vida.

É impossível colocarmo-nos em tal situação, mas essa aspiração é autêntica por parte de Deus. Ao abençoar o matrimônio, Ele espera que marido e mulher tomem clara consciência do compromisso matrimonial, cujo fim primário é justamente o de colaborar com Deus na propagação da espécie humana.

No pensamento divino vogam, digamos assim, milhões de seres humanos que Ele deseja chamar à existência através dos casais abençoados pelo matrimônio legítimo, fazendo o homem e a mulher participar da sua infinita fecundidade.

O casamento é uma extraordinária missão, uma responsabilidade sagrada e uma honra: embora os homens não possam *criar* outros homens, podem *participar* na sua criação, *procriar*, oferecendo o germe corporal, para o qual Deus cria uma alma.

Se pudéssemos pensar e sentir antes de existirmos, esperaríamos com impaciência a nossa concepção. Resignar-nos-íamos talvez à demora, compreendendo as possíveis dificuldades dos nossos futuros pais, quando, por graves motivos, fossem obrigados a limitar honestamente a prole. Mas revoltar-nos-íamos, com toda a razão, se percebêssemos que o único motivo da demora era o seu egoísmo, o seu comodismo, a sua irresponsabilidade perante Deus, a luxúria, a mesquinhez ou a ambição econômica!

Que vexame, que injustiça, sermos considerados menos valiosos do que o gozo sensual ou do que um pote de moedas! A vida mais miserável é muitíssimo melhor do que não existir.

É preciso reconhecer a hipocrisia dos que dizem que não querem ter mais filhos porque talvez estes venham a ser infelizes! Basta ver como gostam eles de viver a todo o custo, por mais pobremente que vivam ou por mais dolorosas que sejam as operações a que tenham de sujeitar-se.

A vida mais breve, a mais breve passagem por este mundo é uma felicidade maior do que a que podem oferecer-nos todos os palácios, iates, televisões, canudos de licenciatura e banhos na praia.

Lar estável

O homem tem direito a vir à luz num lar estável. Não é bicho, que viva de meras reações instintivas a determinados estímulos, sejam estes provocados pelo animal que o gerou, sejam provocados por um processo artificial qualquer. Não é frango, que se adapta a qualquer aviário...

Os seus pais são mesmo *seus*. Tem direito a um e a outro. Juntos! Se num caso extremo isso não é possível, pelo menos sem mistura de pessoas alheias que vivam maritalmente com o pai ou com a mãe. Além de ofensa a Deus, seria um atentado grave à pessoa do filho, de quem os pais fazem parte, de um modo misterioso, mas profundíssimo e evidente.

Não é preciso recordar aqui todas as consequências psicológicas e sociais dessas situações aberrantes. Muito pior do que elas é a naturalidade com que muitos filhos acabam por encarar o seu lar paterno desfeito e dividido em novos casais. É o naufrágio da noção de amor, de fidelidade, e da sua própria identidade. É o desaparecimento da intimidade. É toda a personalidade transtornada.

Talvez os filhos não se queixem e até tomem gosto pelo joguinho divertido de explorar o pai e a mãe em concorrência desenfreada para os conquistarem para o seu lado... Triste compensação da perda de respeito e admiração pelos pais! Que nevoenta e escura se lhes apresenta a vida! Em que se poderá confiar neste mundo, se os mais fortes vínculos se quebram?

Que bênção divina um lar estável! É um baluarte, cujos muros, aconteça o que acontecer, permanecem de pé. É imagem viva do amor de Deus que não passa, monumento que atesta a superioridade do homem sobre as suas próprias paixões e sobre os acontecimentos externos. É uma lição constante de transcendência e grandeza sem palavras: da transcendência da vida; da grandeza de cada homem.

Conhecimento mútuo

Desde o primeiro momento, portanto, o filho espera a presença amorosa dos pais e procura conhecê-los cada vez melhor. Fazem parte dele. Sem os conhecer, não se conhece bem a si mesmo.

O homem é um ser *histórico*; o seu passado, as suas *raízes*, são tão importantes como o presente. Assim se explica o drama daqueles que, por qualquer motivo, não conhecem a sua própria família. Com que empenho vão recolhendo todos os dados que os esclareçam acerca da sua origem!

Não basta, porém, o conhecimento *oficial* das pessoas que nos geraram. Queremos conhecê-las intimamente, o que exige a sua presença habitual junto de nós. Só o convívio habitual e, se possível, diário, leva ao conhecimento íntimo das pessoas. Só assim é possível conversar, dar-se a conhecer, escutar, adivinhar e orientar as aspirações dos filhos.

Daí a importância das refeições em comum, a horas certas, para que todos se reúnam e se tratem com afeto. Daí a vantagem de planos conjuntos de fim de semana, começando pela assistência à Santa Missa na paróquia.

Não deve ser um esquema rígido, evidentemente; tanto mais que lhes faz bem, aos filhos, conviver com outros da sua idade, aproveitando os dias livres e festivos para atividades juvenis. Mas isso, com habilidade, pode servir também para o acompanhamento mútuo, sendo os pais a levá-los e a trazê-los dos centros esportivos ou culturais em que eles se inscreveram, assistindo às suas competições e festas clubistas, interessando-se pelos seus campeonatos, troféus atléticos, vitórias ou derrotas nos jogos, etc.

Não é tanto o espaço de tempo em que estão juntos o que favorece a vida familiar; é a *qualidade* desse tempo, a atenção dedicada, o que mais importa. Nesse sentido, as próprias doenças servem. Quantas confidências se trocam nas longas horas de uma convalescença!

Amor

Além da presença e do conhecimento íntimo dos pais, os filhos esperam o seu amor.

Talvez pareça inútil falar disto, dada a espontaneidade do amor paterno e materno. Todavia, o amor humano nunca se deve confiar à pura espontaneidade, porque requer generosidade habitual para se manter, o que nem sempre é fácil. Também é espontâneo o egoísmo, e este é capaz de criar máscara amorosa. Por vezes, os pais *amam-se a si mesmos* nos filhos... Os filhos passam a ser vistos como o seu prolongamento, o seu tesouro, o seu futuro, o seu orgulho, o seu entretenimento. O seu, o seu, o seu... E amar não é isso; é dar-se; é ser deles; adaptar-se todos os dias às suas necessidades.

Será tão raro descobrir pais egoístas? Julgo que não. Mães possessivas, pais tiranos, há bastantes. Neles, o tal amor espontâneo desviou-se do reto caminho e pretendeu transformar os filhos em bonecos de trapo para gozo pessoal, marionetes das suas conveniências, mera continuação da sua própria pessoa...

Vi há anos, na televisão, um filme muito inverossímil, mas contendo uma grave lição. Tratava-se de um rica mansão habitada por um casal e uma filha, e por inúmeros empregados e empregadas extraordinariamente prestativos. Tudo o que havia de mais cômodo estava à disposição da moça, exceto a liberdade de sair de casa. O seu desespero era evidente e aumentava de dia para dia, levando-a a esbofetear empregados e empregadas, que tudo aceitavam com um estranho sorriso... Eram autômatos, programados pelo pai! E como nada a acalmava, o pai foi eliminando sucessivamente os autômatos que a enervavam, até ficar sem nenhum. Por fim, não lhe restou outra alternativa, senão... a de modificar o programa da «filha». Também ela, afinal, era um «robô»! Faltarão pais que vejam deste modo os seus filhos? Como propriedade sua? Talvez não. Repare-se no seguinte.

Tem-se feito uma propaganda tão equívoca da chamada «paternidade responsável», que muitos acabam por entendê-la exatamente ao contrário: como se não fossem responsáveis perante ninguém e só a eles mesmos dissesse respeito o número de filhos...

Ora, acontece que, quando um casal resolve ter *determinado número* de filhos, já vai por caminho errado, ainda que seja um número muito alto, porque isso significa que se sentem eles senhores daquelas vidas que *condescendem* em trazer ao mundo. E o único Senhor é Deus.

O casal tem direito a *espaçar* a vinda de mais prole, se houver algum motivo grave e só enquanto esse motivo persistir; não tem direito a *determinar* o seu número. Isso é com Deus. Deus é que determina; e os pais aceitarão os filhos que Deus lhes confiar.

Quem *determina* o número de filhos tem *complexo de Gepeto*, o «pai» do Pinóquio. Faz filhos como quem faz bonecos para se entreter. Um gosta de se entreter só com dois, outro gosta de se entreter com vinte, mas o espírito é o mesmo.

Depois os «bonecos» cobram vida própria e os pais-gepetos apanham cada surpresa! Mas, pior ainda se não a cobram, porque significa que os pais conseguiram *programar* totalmente a sua personalidade e manejá-los à vontade como «robôs» bem ensinados.

Só quando os pais recebem os filhos como filhos de Deus é que se tornam capazes de amá-los verdadeiramente. Nessa altura, o amor espontâneo não se desvirtua; torna-se cada vez mais generoso e puro; e sobrenatural nos cristãos.

Irmãos

Vinha isto a propósito do verdadeiro amor que os filhos esperam dos seus pais. Ora, o amor verdadeiro é fecundo.

Por isso, não tomem à ligeira um pedido que por vezes lhes dirigem os filhos: «Papai, quando virá outro irmãozinho?»

Nessas ocasiões, os papais costumam rir muito alto para disfarçar o seu embaraço. Na realidade, embora se riam, esse pedido inocente repercute sempre no coração dos pais como uma exigência profunda. Talvez nalguns casos faça vibrar apenas uma fibra melancólica: como gostariam de ter mais crianças, e não podem! Noutros casos, porém, fará vibrar um agudo remorso: por que secaram a fonte da vida? Com que direito? Com que falso pretexto? Por que resolveram envelhecer e tornar-se estéreis antes do tempo? Por que recusam a Deus e ao mundo mais uma vida preciosa? Por que negam aos filhos mais um irmão?

Se se examinarem, talvez tenham de reconhecer que fogem do amor, porque temem os seus trabalhos; que resolveram inverter o sentido da vida e do matrimônio, revoltando-se contra a entrega total que o matrimônio representa, pois não há amor autêntico que não seja «amor de perdição», de esquecimento próprio, de completa doação...

«Papai, por que não vem mais um irmãozinho?» Pergunta dramática, na sua inocência! Os filhos esperam irmãos, essa riqueza incomparável depois da vida, depois dos pais... No fundo, é uma queixa grave, uma grave acusação possivelmente, como quem brada: «Parem de comprar-me brinquedinhos e bonecas! Tragam-me irmãos, de carne e osso, com quem eu possa brincar e brigar, conviver, que eu possa amar! Preciso de irmãos muito mais do que de coisas, passeios e livros! Preciso de irmãos para me conhecer a mim mesmo, para aprender a viver com amor e generosidade, para me educar a sério! Tenho um coração, quero enchê-lo, e ainda o sinto muito vazio!»

Note-se que um filho único também se pode educar muito bem e sentir o coração cheio de afeto. A questão, como víamos antes, não está no número de irmãos. Simplesmente, quando o egoísmo se apoderou dos pais, o ambiente da casa esfriou e todos anseiam por mais calor. Não há aquecedores que bastem nem televisões que distraiam...

Respeito

Além do amor, respeito.

Contam de uma mamãe que a sua ordem sistemática era esta: — «Maria! Veja o que estão fazendo os meninos, e proíba-lhes!»

Como se não houvesse relações de justiça dos pais para com os filhos! Como se só os pais tivessem direitos e eles apenas obrigações! Não senhor! É preciso tratar toda a gente com respeito, e os filhos são gente.

Sim, os filhos esperam dos pais um tratamento respeitoso. Por vezes, julgamos que a família é o local do «à vontade», da «sem-cerimônia», e enganamo-nos redondamente.

Explicaram-me um dia por que razão na Marinha se usa de muito mais cerimônia do que em qualquer outro ramo militar: por causa da «mamparite». Mamparas são as paredes divisórias das cabines, sempre tão estreitas, dos navios. Apertados entre mamparas, os marinheiros enervam-se; e, se não fosse pelos frequentes gestos de cerimônia, acabavam todos às bofetadas...

A casa também é um barco de pequenas dimensões. Se não se tem cuidado, cada encontro é uma discussão, cada refeição uma guerra civil.

Além disso, o amor não é apenas intimidade; também é distância; uma certa distância, que nos faz ver-nos como pessoas iguais, mas diferentes; iguais na dignidade e diferentes em tanta coisa... Cada um necessita da sua autonomia para viver como pessoa, e os pais devem reconhecer o âmbito de autonomia dos filhos e respeitá-la.

O respeito não consiste certamente em simples atitudes cerimoniosas, rituais, que, de fato, não ficam bem dentro de casa, embora isso dependa do tipo de ambiente de cada família. Sim, respeito não significa necessariamente cerimônia, mas, quando não há delicadeza externa, dificilmente haverá respeito. Respeito, antes de mais, é espírito de justiça. Mas a justiça nos juízos, nas palavras e nos atos leva, por força, a uma atitude serena, afável e atenciosa com todos; e a um espírito de serviço e gratidão, que terá de notar-se externamente de mil maneiras.

Uma mãe que só sabe exigir, e proibir, e mandar, e nunca agradece; um pai que só saiba repreender e fazer sermões, e nunca reconheça um engano seu, nem seja capaz de pedir desculpas aos filhos, faltando assim à justiça e à verdade, terminam sendo pessoas de trato grosseiro.

As formas externas de gentileza não bastam, mas dão *forma* ao ambiente e ajudam os membros da família a viver o que essas formas significam. De qualquer modo, são um bom sinal de respeito mútuo.

Confiança

O respeito, porém, começa por dentro, no pensamento. Os filhos esperam que os pais os julguem bem e confiem nas suas boas intenções. Se alguma vez cometem um deslize, esperam que os pais não o atribuam logo a maldade, mas a fraqueza ou falta de jeito. E têm direito a isso. Todos temos direito a que pensem bem de nós enquanto não demonstrarmos habitualmente o contrário.

Um pai desconfiado, pessimista, amargo, é um horror. A sua atitude azeda chega a constituir uma crueldade mental. Ver-nos sempre suspeitos de má vontade, de rebeldia, de mentira, é uma tortura terrível e absolutamente injusta. Um pai que só vê sinais de vício no filho; que, por ele ter batido na irmãzinha, acha que será um malandro; por ter dito uma mentira, será um vigarista; por se ter enganado no troco, será um ladrão; por ter chupado o fundo de uma garrafa, dará em bêbado... que pesadelo para a família toda! E, em primeiro lugar, para o filho e para ele próprio.

A justiça obriga a confiar. E a boa pedagogia também. Quando se confia em alguém, essa pessoa sente-se obrigada a corresponder à nossa confiança. Pode falhar, mas depois ficará envergonhada e quererá voltar a merecer o antigo respeito. E é preciso realmente voltar a respeitá-la e a confiar nela.

Havendo confiança, tudo se pode corrigir com amabilidade. Em vez de repreender — «Você é sempre assim!» —, anima muito mais, e é mais justo, corrigir dizendo: — «Isso não é próprio de você!»

De fato, os pais tendem a esquecer o bom comportamento dos filhos e a reparar só nos seus disparates. Mas, se estes merecem correção, então não deixem de elogiar o seu cumprimento do dever, muito mais frequente do que o contrário. E se não acham bem passar o tempo a louvar-lhes as boas ações, então sejam sóbrios ao acusá-los das más...

Pensem bem dos filhos. Não por tática (não é possível pensar bem por simples tática), mas por dever de consciência. Tenham a certeza de que não há ninguém neste mundo que goste de portar-se mal.

Os «maus», ou são doentes mentais, ou pessoas fracas que desistiram de ser «bons»..., talvez até porque os pais os desalentaram sempre com os seus maus augúrios.

Lembrem-se de que há «defeitos» que em certas idades são virtudes, e vice-versa. Um menino de sete anos sempre sossegado, muito arrumadinho, cumprimentador de todas as visitas, sóbrio nos sorvetes, poupado nos sapatos — não é um menino de sete anos! A mocinha de doze anos que se penteia como a mamãe gosta, veste como a mamãe diz, sorri quando o irmãozinho lhe bate — não é moça de doze anos!

Pelo contrário, quando o rapaz começa a discordar do pai em política, e tem a impertinência de lhe explicar como deve educar os outros filhos, e chega a casa com um olho preto e a camisa em farrapos, talvez os pais lho devam repreender com justo motivo, mas depois, às escondidas, festejem o acontecimento, porque tudo aquilo quer dizer que... temos homem!

Verdade

Há um campo em que os filhos são intransigentes: quanto à veracidade. A veracidade também é um aspecto da justiça e uma exigência do respeito devido à inteligência alheia.

Em crianças, nem sonham que os pais lhes possam mentir, exceto por brincadeira. Mais tarde, ficam indignados se os surpreendem tentando enganá-los.

A veracidade é fundamental. Se não se pode confiar na própria palavra dos pais, parece que o mundo inteiro desaba. E com toda a razão: a vida social assenta na veracidade; onde esta falta, os homens sentem-se isolados e à deriva.

Os filhos esperam, pois, com toda a razão, que os pais nunca os enganem deliberadamente. Até porque desde pequeninos lhes ouvem dizer que é feio mentir e são castigados pela menor falta de verdade. Mas, por vezes, quase inconscientemente, os pais mentem sem pudor aos filhos, sobretudo aos mais novos: dizem-lhes que voltam já, para que não chorem, sabendo perfeitamente que vão demorar; dizem-lhes que não há mais bolachas, para que não comam antes das refeições, quando há uma caixa delas; dizem-lhes que o sorvete faz mal, quando, na realidade, não querem ou não podem fazer a despesa; etc. São mentiras evidentes, e, no entanto, não têm escrúpulo em dizê-las, punindo depois os meninos por faltas muito mais leves à verdade...

Quando os moços crescem, é frequente que os pais invoquem o seu bom exemplo em idade semelhante, e inventem bons comportamentos que de fato não tiveram... Mais mentiras. E ameaçam com castigos graves as travessuras dos rapazes, sem a mínima intenção de aplicar tais sanções... Falta de sinceridade também.

Ou atestam que não dispõem de dinheiro, só para evitar explicações de economia doméstica, sendo certo que o possuem... Enfim, os pais recorrem à mentira facilmente, por lhes parecer o método mais expedito de evitar complicações, e nem reparam que com isso ofendem a Deus e a dignidade dos filhos. Não são obrigados a contar aos filhos o que não lhes compete saber, mas não devem mentir.

A este propósito, lembro-me da resposta de um líder partidário, quando lhe perguntaram se na vida política era preciso mentir muito. A resposta talvez pareça cínica; contudo, é perfeitamente correta: «Mentir? Para quê? Há tantos modos de dizer a verdade!»

É mesmo assim. Dizer a verdade não significa ser brutal, nem imprudente, nem indiscreto, nem ingênuo. Pode-se e deve-se dizer sempre a verdade com caridade e de acordo com a capacidade de quem nos ouve.

Note-se que não me refiro às chamadas «restrições mentais», que são autênticas mentiras disfarçadas por palavras equívocas. Refiro-me a dizer a verdade de modo adequado à mentalidade de cada pessoa, sem entrar em explicações escusadas, por exemplo, ou em pormenores que não são da sua conta, ou em razões que ultrapassam a sua capacidade de entendimento, etc.

É verdade que, mesmo com todas as cautelas de caridade e prudência, nem sempre se conseguirão evitar irritações, incompreensões e sofrimentos. Paciência. À verdade é que não se pode faltar. É sagrada. E a longo prazo veem-se os seus bons efeitos.

Outra coisa será aquele conjunto de fórmulas convencionais («O papai não está em casa», «Ora essa, não incomoda nada!», «Apareça sempre que quiser!», etc.), que se usam por delicadeza, e que, não as dizendo, magoam os outros, mas que ninguém de senso comum considera rigorosas. Quem é que aparece para almoçar, sem aviso, em casa de alguém, só por este lhe ter dito «apareça quando quiser»?

Todavia, será bom evitar esses convencionalismos diante das crianças, pois dificilmente percebem o sentido das frases feitas sociais.

Autonomia

O respeito devido aos filhos cobra especial caráter, e às vezes até um caráter dramático, em certas ocasiões importantes da vida.

Por volta dos doze anos, a criança, de vez em quando, é homem: adota ideias próprias e faz projetos em relação ao seu futuro. Os pais têm de estar atentos. Os filhos esperam ser levados a sério, e têm direito a isso.

Quando o menino, de repente, afirma que não crê em Deus, ou que o comunismo é o melhor sistema do mundo, ou que Hitler foi um herói extraordinário, por mais disparatadas que sejam as suas ideias, são ideias sobre assuntos graves; manifestam uma visão mais ampla do mundo. Devem ser escutadas e contestadas com seriedade, de homem para homem.

Só que não é obrigatório responder-lhes imediatamente, tanto mais que nem sempre se está preparado para replicar às mais evidentes tontices; evidentes para pessoas crescidas, é claro; não para eles. Pode-se adiar a resposta, escutando em silêncio o rapaz ou a moça; pensar depois uma explicação serena da questão levantada; e não deixar de dá-la em conversa amável, respeitosa, embora — se se trata de opiniões escandalosas para os irmãos — convenha declarar logo o seu caráter errôneo. Mas, ainda assim, é preciso fazê-lo com respeito, apreciando o aspecto positivo daqueles desconchavos: são, pelo menos, sinal de interesse por assuntos elevados, transcendentes, da vida.

Outras vezes, os filhos revoltam-se e acusam diretamente os pais de certos defeitos que lhes parecem óbvios e graves. A situação torna-se então tensa e dura. A reação primeira dos pais costuma ser a de um par de bofetões no malcriado do rapaz... E não devia ser essa. Deviam ter contado com tais incidentes domésticos e dominar-se. Devem perceber que a gente moça ainda não sabe exprimir-se bem. Devem compreender que essas violentas acusações, no fundo, são perguntas. Eles lançam-nas como pedradas, mas não fazem muita ideia da dor que causam. O que querem é uma resposta séria e convincente às suas inquietações.

E acontece que, às vezes, até têm razão... Também os pais devem estar preparados para tal eventualidade. Ninguém é perfeito, e os pais podem estar falhando efetivamente em algo importante, sem o saberem. Por isso, a primeira resposta convincente dos pais talvez seja a de um silêncio de profunda reflexão. Será mesmo assim como o filho lhe diz?

Ninguém nega que uma bofetada oportuna seja boa resposta em certas ocasiões, particularmente quando as expressões do filho são grosseiras ou tocam um ponto de honra fundamental.

Peço desculpa para recordar um episódio da minha meninice. Os meus pais usaram o critério sistemático de não bater nos filhos por razão nenhuma. O que isso lhes terá custado, nem imagino... Mas por isso me lembro bem de uma bofetada — a única — que a minha mãe me deu.

Tinha-lhe eu perguntado se determinado objeto estaria numa cômoda qualquer. Disse-me que não. E eu fui certificar-me... É claro que nem cheguei a abrir a gaveta. Já tinha a mão dela na minha cara! Ela aguentava tudo, menos que eu desconfiasse da sua palavra. Muito bem!

Estou a desviar-me um pouco do que pretendia focalizar: o especial respeito que hão de ter os pais em períodos decisivos da vida dos filhos.

Há sobretudo uma matéria que requer extremo cuidado: as grandes opções da vida. Tratando-se de vocação profissional, matrimonial ou espiritual, os pais não têm direito a interferir, exceto no sentido de darem conselhos bem ponderados. De resto, liberdade.

Ai do pai ou da mãe que abuse da sua autoridade para impor determinado caminho aos filhos, contra a vontade destes! Nunca mais viverão sossegados! Todos os problemas que surgirem aos filhos, no futuro, os perseguirão, acusando-os de tiranos!

Deus livre os pais de um erro de tal envergadura! Quase apetece ter mais pena deles do que dos pobres filhos que se deixaram violentar pela teimosia paterna...

Liberdade

A liberdade do homem deve ser respeitada desde o primeiro instante da sua vida; desde aquele tempo em que as crianças não podem exercê-la por si mesmas... É verdade que, ao princípio, os pais têm de substituí-las totalmente nas decisões que elas ainda não podem tomar: lavando-as, dando-lhes o leitinho, obrigando-as a dormir na hora, etc. Mas, à medida que o menino cresce, cada vez lhe hão de confiar mais decisões à sua pessoal responsabilidade.

O poder paternal não é um direito de propriedade sobre os filhos até à maioridade civil. É uma responsabilidade que diminui à medida que aumenta a responsabilidade dos filhos. É uma rampa de lançamento para a sua plena autonomia.

Note-se, porém, que essa autonomia é naturalmente progressiva, mas nem sempre contínua; há saltos repentinos, com as suas reivindicações inesperadas, e há recuos também, por timidez ou comodismo dos moços... E os pais devem saber amparar o filho nesse desenvolvimento variável, de modo a não o abandonarem à sua sorte quando ele ainda não sabe medir o risco das suas atitudes, assim como não devem aceitar aparentes obediências, que talvez sejam apenas passividade medrosa e falta de personalidade.

Por norma geral, fomentarão a liberdade. Se ao rapaz lhe dá na telha colecionar cabeças de pássaros, os pais não têm direito a proibir-lhe; não é mal nenhum. Se acham que é um capricho e uma sujidade, desaproveitam uma ocasião de formar o filho, animando-o a ordenar bem as cabecinhas pontiagudas, a classificá-las, a limpá-las — e a arrumá-las possivelmente na garagem, onde não incomodem o estendal nem o cheiro...

A regra da liberdade é muito simples: só se pode proibir o mal; não se pode impedir nenhum bem.

Ora, é fácil que os pais confundam o mal com o que os incomoda. Fujamos de tal confusão. É evidente que os moços não devem rebentar os tímpanos da gente de casa a toda a hora com o atroar da música da moda; mas algum tempo hão de ter para ouvi-la à vontade. Será muito ruidosa uma corrida de Fórmula-1, mas acompanhá-la na televisão não é crime; é uma coisa ótima, embora para alguns pais seja tão agradável como um pontapé nos ouvidos... Nesse caso, vão dar uma voltinha, que lhes fará bem, e deixem os rapazes berrando em cada tentativa de ultrapassagem.

A moça tem direito a seguir a moda mais ridícula, desde que não seja indecente. Eu sei que a mãe quer poupar-lhe vergonhas, mas por vezes não repara que vergonhoso para ela seria não acompanhar as amigas na tal ridícula indumentária.

A filha não se veste para agradar às tias velhas nem às amigas centenárias da mamãe; veste-se para conviver com moços e moças da sua idade. A mãe que se lembre do seu tempo... Se acha que a dança é de orangotango, a do seu tempo era de orangopolca...

Liberdade, liberdade! Para tudo o que é honesto, viva a liberdade! Pareça bonito ou feio, nobre ou ridículo, que são apreciações bastante relativas.

O que os filhos não podem esperar é que os pais vibrem de entusiasmo com os gostos modernos; mas que se esforcem por compreendê-los, por colocar-se na sua idade e posição, enfim, que os pais rejuvenesçam um pouquinho, isso, sim, têm direito a esperar.

Dinheiro

Realmente, os filhos esperam muitas coisas: irmãos e sorvetes, compreensão e... dinheiro.

Em matéria de dinheiro, costumam ser terríveis. Tudo lhes parece pouco, pois normalmente não se comparam com os amigos mais pobres do que eles, mas com os mais ricos. E chegam a envergonhar-se dos pais, por verem que os tais amigos são mais «generosos».

Chegam a ser tremendamente injustos, acusando os pais de falta de competência profissional por causa disso; e a certa altura já nem pedem; exigem!, quando não assaltam...

Mas não são tão tolos como parecem. No fundo, compreendem as naturais dificuldades econômicas do lar. Os pais não se devem deixar impressionar demasiado com as suas reivindicações financeiras. Desde que lhes deem o suficiente para se alimentarem, vestirem e educarem, cumprem o seu dever.

Mesmo que disponham de fortuna avultada, não lhes deem muito. A casa mais rica, durante a infância e a juventude dos filhos, tem de ser sóbria como uma escola. Habituem-nos a poupar, a cuidar do que têm, a ser responsáveis, a ser generosos com os irmãos e a dar graças a Deus pelo que recebem.

Os filhos esperam dinheiro, mas, no fundo, sabem perfeitamente que não têm direito a ser ricos nessa idade. São conscientes, porém, do direito a receber o que necessitam para cumprirem os seus deveres escolares. E, a propósito disso, mais uma observação.

Por modesta que seja a casa e por mais partilhada com irmãos e parentes, a certas horas ela é deles: nas horas de estudo. Todos devem respeitar esse tempo, que lhes pertence, com os sacrifícios que forem necessários.

Não está certo que a mãe lhes interrompa continuamente o estudo com serviços domésticos, nem que o pai os mande para um canto da casa, enquanto ele se dedica a ver os telejornais ou a telenovela em alto volume de som... para depois repreender o filho por falta de aproveitamento escolar.

Exemplo

Como víamos, durante a infância e a juventude a casa é uma escola de hábitos salutares, e portanto os pais têm de ser mestres exemplares dos hábitos que pretendem incutir nos filhos. A teoria, exposta em sermões e repreensões, para pouco serve. O exemplo é que arrasta.

Sem dúvida, os filhos esperam o bom exemplo dos pais. Poucas coisas os escandalizam tanto como as palavras em contradição com a vida. A contradição patente revolta-os ou torna-os céticos, e depois surdos a quaisquer conselhos paternos. Basta reparar na expressão dura com que passam a escutar os sermões moralizadores do papai e da mamãe.

E, todavia, os pais têm obrigação de lhes dar bons critérios de conduta, ainda que pessoalmente não os sigam... Como resolver o problema?

Muito simplesmente: com humildade e empenho em segui-los também. Isto é: o exemplo que os filhos têm direito a esperar dos pais — e que, de facto, esperam — não é o de uma absoluta perfeição, mas sim um manifesto esforço dos pais por lutar contra os seus próprios defeitos.

Aliás, o exemplo de luta é que arrasta; o exemplo de impecável conduta (que alguns tentam aparentar), em vez de atrair, deprime, gera complexos de inferioridade, humilha e desanima. Pelo contrário, a simplicidade com que os pais reconhecem as suas fraquezas e procuram combatê-las mostra aos filhos que eles também podem melhorar, apesar das suas quedas. É um exemplo sincero e animador.

Além disso, um rapaz ou uma menina medianamente espertos não se deixam iludir pela comédia da impecável perfeição dos pais. Conhecem-nos bem e sabem quais as suas fraquezas habituais. É inútil fingir. Os filhos não acreditam que os pais sejam livros; são pessoas, como eles.

Há aí, contudo, um problema delicado: se, por um lado, os filhos se sentirão animados pelo exemplo de simplicidade e de luta interior dos pais, por outro, também lhes custa ver que os pais têm defeitos e que durante anos as suas melhoras não são notáveis. Como são jovens, tendem a pensar que tudo se resolve depressa, desde que haja boa vontade. Falta-lhes a experiência que só os anos concedem.

E é fácil chegarem à conclusão errada de que a santidade de vida é inacessível, visto que as melhores pessoas do mundo — os seus pais — não a conseguem. Confundem santidade com perfeição absoluta de comportamento. Não compreendem que o *justo* — o santo — possa *cair sete vezes*, como diz a Sagrada Escritura. Não percebem a profundidade da santificação — obra da graça e do amor — que leva a alma pelos escuros caminhos da humildade e que se alimenta tanta vez dos próprios fracassos...

Não basta, pois, que os pais deem o bom exemplo da sua luta incessante pela perfeição que lhes recomendam a eles. Para que não se escandalizem nem desanimem, convém ajudar os filhos a entender os «costumes» de Deus e o condicionalismo da natureza humana, de modo que não julguem os pais, nem ninguém, ora canonizando-os em vida, ora condenando-os à sua aparente mediocridade.

No fundo, todos os filhos admiram os pais intimamente. Os pais tirem proveito disso: reparem no olhar de carinho dos seus filhos e sintam a urgência de não defraudar tanta admiração e tanta esperança, que os faz, ao mesmo tempo, ser tão exigentes e até intransigentes com os defeitos paternos.

Amizade

Esta complexa questão da exemplaridade resolve-se, afinal de contas, com a amizade. Se, além de pais, são amigos dos filhos, é muito mais fácil entenderem-se com eles e eles compreenderem os pais.

Geralmente, os pais reduzem as relações com os filhos à tarefa educativa: só sabem vigiar, dar ordens, conselhos, e repreender. Quase nunca saem da sua posição de responsabilidade paterna. Vivem sempre numa espécie de plano superior, supervisor e protetor, isto é, num plano diferente, separados dos interesses normais dos moços.

Têm normalmente a impressão de que perderiam autoridade, se *descessem* ao nível dos rapazes. Por um lado, custa-lhes sair dos interesses próprios dos adultos; por outro, receiam desprestigiar-se perante os jovens, ao competir com eles no que são naturalmente superiores, dada a vitalidade e a energia da juventude... Só nalgum caso esporádico — quando pensam que obterão algum triunfo atlético, artístico, etc. — é que se atrevem a pôr-se ao par dos seus mocinhos. E, se não o conseguem, retiram-se rapidamente do confronto, com o sorriso indulgente de quem, afinal, não queria dar nenhuma importância ao assunto...

Mas esse companheirismo ocasional tem pouco a ver com a amizade. É que não se trata de conquistar *superioridade* nenhuma; já basta a superioridade que possuem como pais, como educadores e como pessoas mais velhas. Trata-se de conquistar uma *igualdade*, a igualdade própria dos amigos, que podem ser muito diferentes em capacidades, mas são iguais em interesses e gostos.

A amizade não é fruto de admirações. Um moço é amigo de outro, sabe-se lá por quê! Às vezes, parecem-se tanto como o cão e o gato. Discutem um com o outro e zangam-se dia sim, dia não; mas são inseparáveis. Por quê? Criaram interesses comuns. Um é preto e o outro amarelo; um rico e o outro pobre; um tímido e o outro atrevido; um inteligente e o outro menos que mediano... Mas ambos gostam de futebol, de motos, de peixes ou de caracóis. E pronto: lá se telefonam a combinar encontros, lá discutem horas seguidas; lá vão eles, de mochila às costas, apanhar lagartos ou assistir a um rali.

Não digo que todos os pais consigam caçar lagartos ou encafuar-se em furnas de morcegos com os filhos, nem que os acompanhem a saltar muros e a fugir da polícia do bairro. Mas que compreendam esses gostos, pelo menos, reconhecendo com inveja e humildade que já estão gordos demais para tais aventuras; que confessem que lhes apetecia andar aos pulos como nos velhos tempos; e que descubram tantos outros interesses e gostos em que podem coincidir com cada filho: tênis, computadores, selos, cães, pesca, xadrez, esportes sem conta, instalações elétricas ou história da Mesopotâmia...

Não se preocupem com superioridades, insisto. Não se importem de lhes ser inferiores, de aprender deles, de ser seus discípulos, e até de receber deles ordens, conselhos e repreensões. Mas sejam amigos, falem a sós, combinem com cada um o que for preciso nesses aspectos. Aprenderão muito com eles e terão mil oportunidades de conversa amiga. Ainda que a amizade não servisse para mais nada, não valia já a pena? Mas serve. Serve para se conhecerem e melhorarem ambos.

Por duas vezes, nos parágrafos anteriores, me referi a *cada* filho. Porque a amizade pode estender-se a muitas pessoas, mas é sempre pessoal, com cada um.

Por isso, quando me dão oportunidade, proíbo os pais de usarem a palavra *vocês*. *Vocês* não existe. Existe cada um, com o seu nome, temperamento, história, personalidade, responsabilidade. Dizer *vocês*, no plural, é pôr-se de fora, em outro mundo.

E, no entanto, que tendência a dos pais nesse sentido! Que fortes e temíveis ao censurar à mesa os filhos todos, desde o bebê ao engenheiro, como se fossem manada! E que tímidos ao falar a sós com cada um em particular! Por quê? Porque, embora os amem muito, não são amigos; não têm o hábito de estar a sós, amavelmente, com cada um deles.

Daí vem depois a grande dificuldade de os orientarem, um a um, em questões importantes da vida. Nessa altura, o pai prepara-se com solenidade para a grave conversa, experimenta mentalmente vários tons, imagina as mais diversas reações do rapaz (pois não o conhece bem), pensa ainda na réplica que lhe dará... e, por fim, desiste, e fica mudo e sério como uma estátua. Costuma ser nessa ocasião que acusa o outro cônjuge de não saber educar os moços...

Sejam amigos deveras e não haverá dificuldade nenhuma, nem lançarão as responsabilidades de um para o outro.

Compreensão

«Eu não compreendo este rapaz!», desabafam. Talvez não reparem que é uma confissão de incompetência paterna ou materna. E, contudo, como esperam os filhos que os pais os compreendam! Se os pais não os entendem, quem os compreenderá?

Os filhos esperam compreensão no sentido exato da palavra. Não apenas uma atitude de tolerância, ou de paciência. Desejam mesmo ser entendidos; que os pais adivinhem o que lhes passa por dentro, tendo em conta o seu temperamento, a sua idade, os seus sonhos... Esperam isso dos pais, porque normalmente eles próprios não se compreendem, e bem gostariam que alguém interpretasse corretamente a sua confusão interior. E quem, senão os pais em primeiro lugar?

Precisam de compreensão, pois necessitam de amparo. A juventude é desequilíbrio, uma corda bamba constante.

Sobretudo a partir da adolescência, as ordens e sermões paternos já não lhes servem de grande auxílio. O moço sente-se responsável por si mesmo e faz tentativas crescentes de autonomia. Por meio de ordens e proibições, os pais já pouco os podem ajudar. Não digo que não as deem, mas sim que a educação propriamente dita já não segue por esse caminho. É como quando os bebês começam a andar pelo seu pezinho; de vez em quando, ainda precisam de colo, mas rapidamente lhes apetece sair do regaço, voltam ao chão e correm perigosamente por aí fora... Os pais têm de correr atrás deles, com os braços abertos, para lhes evitar as quedas ou para os erguer depressa do chão, onde acabaram por tombar...

Não os levam sempre pela mão, nem os meninos o consentem. Querem os braços livres como asas para se sustentarem na vertical. Como asas, para voarem longe... É o que acontece de algum modo em todas as idades.

Os pais precisam de dominar a inquietação que sentem por eles e deixá-los realmente livres como pássaros a sair do ninho, mas amparando-os; devem compreender os seus anseios, mas prontos a recebê-los outra vez nos braços quando for preciso.

No fundo, é tão fácil compreender as pessoas! Somos todos da mesma massa, temos as mesmas aspirações e as mesmas fraquezas, mais ou menos acentuadas conforme os temperamentos. Mas só as compreendemos bem (paradoxos da vida!) quando nos lembramos de que são livres e de que, portanto, são todas diferentes, originais e surpreendentes, isto é, quando nos lembramos de que todas as pessoas são incompreensíveis!

Quando os pais exclamam: «Eu não compreendo este rapaz!», é porque o tinham classificado interiormente como um fóssil e se esqueceram de que se tratava de uma pessoa, de um ser livre, capaz de comportamentos contraditórios, como todos nós.

Os pais têm de contar com as qualidades e os defeitos habituais dos seus filhos, e simultaneamente têm de estar preparados para as mudanças mais radicais e súbitas de atitude. Devem esperar o inesperado.

Compreender significa, nesse caso, não se escandalizar com as mudanças rápidas dos filhos e reconhecer que não podem projetar com segurança o seu futuro. Significa compreender que eles, os filhos, são projetos vivos em evolução imprevisível. Aos pais só corresponde animá-los, avisá-los, orientá-los, respeitá-los, e não substituí-los. É assim que eles se sentem compreendidos.

Autoridade

Respeito, amizade, compreensão... Quem não deseja isso dos outros? Como não haviam os filhos de esperar isso dos pais? Há, contudo, algumas coisas que esperam deles de modo muito particular, mas não o confessam, e até parece que lhes desagrada: a autoridade, por exemplo.

Sim senhor: autoridade. Talvez não tomemos perfeita consciência da necessidade que dela temos, e, no entanto, o homem não subsiste sem ela. Sem ordem, não há sociedade. Sem ordem, não há família. No caos, não se vive. As pessoas sentem-se — e estão efetivamente — perdidas quando não há regras que definam os seus deveres.

Falamos muito dos direitos do homem (sobretudo do homem que nós somos) e, todavia, precisamos muito mais dos nossos deveres. Falem dos seus direitos a uma criança e verão como olha com perplexidade; falem-lhe dos seus deveres, e verão como fica atenta... Os direitos têm sempre os correlativos deveres.

Sem os respectivos deveres, os direitos perdem sentido, esvaziam-se, soam a palavras sem conteúdo. Por mais direitos que lhe atribuam, sem deveres, o homem sente-se inútil e desorientado.

Além disso, esta vida é um jogo, um jogo que deve seguir regras justas, sem dúvida, mas que, antes de mais, deve seguir alguma regra, por mais imperfeita que seja. Onde há comunidade, tem de haver decisões superiores, autoridade, força que se imponha.

Hoje em dia, certas teorias pedagógicas fomentam excessivamente a chamada «espontaneidade» dos filhos e acabam por tornar os pais tímidos e indecisos na orientação do lar. Convençam-se de que é preferível errar algumas vezes a perderem a autoridade que lhes compete.

Talvez fosse melhor, por exemplo, irem todos ao campo do que à praia, ou deixar o rapaz ir ao acampamento com os amigos, ou proibi-lo de usar o carro, etc., mas vale mais que se decida alguma coisa do que deixar que cada um faça o que lhe dá na telha.

É difícil que os erros de autoridade sejam tão graves (entre pessoas medianamente sensatas), que produzam sérios transtornos. E, se estes surgem, não se deverá propriamente às decisões paternas, mas a causas fortuitas. É evidente que pode sobrevir uma tempestade quando estão no campo, em vez de gozarem do sol da praia como alguns pretendiam... Como podia ter acontecido que na praia algum deles se afogasse... A vida é uma aventura, mas as decisões legítimas e razoáveis não deixam de sê-lo pelos seus efeitos eventuais. Enfim, a autoridade é para ser exercida, os pais não podem abdicar dela, e os filhos assim o esperam, ainda que por vezes se queixem.

Nem sequer se devem intimidar os pais pelas possíveis discórdias entre um e outro. É verdade que não convém que marido e mulher discutam diante dos filhos, habitualmente. No entanto, é inevitável que isso aconteça alguma vez e não deve constituir nenhum drama. Resolve o pai, e acabou-se.

Tratando-se de pessoas normais, como já vimos, as discórdias serão sempre sobre questões de pouca monta, embora naquele momento lhes pareçam graves; e não faz grande mal que os filhos vejam que os pais não estão sempre de acordo. Servir-lhes-á para verificar que em muitos outros casos se submetem um ao outro e para se habituarem a distinguir o que é importante (e em que os pais são sempre unânimes) do que é de menor importância (e, portanto, discutível).

O que os filhos não esperam, ou melhor, não desejam, são os berros escandalosos e as ameaças destemperadas do pai ou da mãe. As pessoas com falta de autoridade costumam recorrer aos gritos e às bofetadas para se imporem. Com isso só demonstram fraqueza.

Acontece de modo especial ao pai. Como passa o dia fora de casa, aproveita qualquer pretexto para mostrar que é o chefe e não um simples pensionista. Com os seus berros, quer dizer que também se interessa pelos filhos e pela casa, não vão eles pensar que é apenas útil para pagar as contas... Mas raramente acerta, porque, de fato, não consegue acompanhar de perto os problemas miúdos da mulher e dos filhos, e torna-se ridículo, em vez de se impor. Só indispõe. Se se reservasse para os assuntos mais graves e, no resto, seguisse as orientações da mulher, todos lhe guardariam mais respeito.

Conselho

Os filhos também esperam conselho. Os conselhos de rotina não costumam faltar. Umas vezes, breves («Cuidado com os automóveis!», «Vê lá se não apanhas frio!», «Não te esqueças de fechar a porta!»), outras vezes mais compridos (o sermãozinho sobre o estudo, mais o sermãozinho sobre as más companhias, mais o sermãozinho sobre os perigos do fumo, etc.), fazem parte da solicitude normal dos pais. Embora os filhos quase não os ouçam ou embirrem com eles, são inevitáveis e úteis, pelo menos como expressão de amor. A família não seria família sem essas «chatices».

Mas também não devem faltar os outros conselhos, diferentes para cada um e para cada caso. Uma coisa é a liberdade e a responsabilidade dos filhos, que se devem fomentar, e outra seria o desinteresse pelos problemas que vão tendo na vida.

Os pais têm obrigação de colocar-se na situação de cada filho e oferecer-lhes a ajuda da sua experiência, fazendo-os ponderar todas as circunstâncias, vantagens e inconvenientes das suas opções, avisando-os sobre os possíveis riscos, animando-os a superar dificuldades, indicando-lhes soluções práticas em que talvez não tenham pensado. E respeitando depois as decisões que eles tomaram.

Não vale dar conselhos só para evitar responsabilidades futuras. Vou explicar-me melhor.

O «conselho» que mais facilmente nos sai da boca é o de apontarmos os lados negativos das decisões alheias. Como tudo na vida tem os seus riscos, o mais fácil comentário a qualquer decisão de outrem é o de chamar a atenção para as suas desvantagens. E pronto: parece-nos que com isso já fomos prudentes conselheiros, quando, afinal, o que fizemos foi lavar as mãos, como Pilatos, e ficar com a nossa reserva de «razão», se porventura — ou por desventura — a resolução do outro se mostrar errada posteriormente.

O rapaz quer ser aviador? Cuidado, porque os aviões às vezes caem! Quer casar com aquela moça? Olha que o casamento é um negócio sério e não sei se a moça te convém... Quer ser sacerdote?

Olha que o sacerdócio exige grandes sacrifícios! Etc.

Não são conselhos nenhuns. São apenas um modo de dizer: — É lá contigo! A culpa não será minha, se isso te correr mal...

O conselho autêntico exige amor, imaginação, consideração diante de Deus, informação correta, e até consulta a alguém com maior experiência e autoridade. E depois, conversa amiga, respeitosa e delicada com o filho.

Neste caso ele agradecerá sinceramente, embora os pais não estejam a fazer mais do que a sua obrigação.

Alegria

Que mais esperam os filhos? Tanta coisa... Alegria, por exemplo.

Estão cheios de vitalidade, de curiosidade, de imaginação, de sonhos... Acham tudo tão interessante e divertido! Afinal, tudo é novo para eles. E, ao mesmo tempo, tudo temem, porque tudo lhes é desconhecido, tudo passa muito depressa, e lhes escapa, e com frequência acaba de forma desagradável... Têm medo. Vários medos: do futuro, do fracasso, da mediocridade, da pobreza, da falta de amigos, de que a sua vida acabe por ser aquela rotina inglória, de sacrifícios e trabalhos incessantes, sem compensações... Como a dos seus pais!

Sim, como a dos seus pais, que passam o tempo a queixar-se do trabalho e dos contratempos diários... Custa-lhes aceitar que *aquilo* valha a pena: a azáfama profissional, as mesmas preocupações e aflições contínuas, aquele aspecto cansado e carrancudo, pensando só em problemas, obrigações e perigos... Isso é que será a vida? Isso é que será êxito? Assim terá de ser o seu futuro?

Os jovens não compreendem aqueles silêncios prolongados, seguidos de queixumes, avisos e censuras, ou de conversas deprimentes sobre doenças de parentes, amigos e conhecidos... A vida devia ser divertida, pensam eles, e os velhos dedicam-se apenas a complicá-la! Será assim tudo tão difícil?

Falta treino e sabedoria aos moços, é verdade. Ainda não percebem a linguagem dos adultos. Julgam que a felicidade tem de manifestar-se sempre com entusiasmos ruidosos, que só se triunfa quando se tem estátua na praça, que a doença e a morte só acontecem aos descuidados. É verdade que só a experiência os há de curar das verduras da mocidade. Mas também é certo que os pais têm obrigação de conhecer a linguagem dos jovens e de falar com eles nessa linguagem, e não na sua, de adultos.

A linguagem dos moços é de alegria. Só entendem o que é alegre. Portanto, os pais façam o favor de se *mostrarem* contentes. Não basta que o estejam. *Mostrem-no*, sorriam, façam comentários positivos aos acontecimentos, guardem as doenças para os seus colegas velhotes, falem com otimismo do futuro, não escondam o amor que sentem um pelo outro, nem o amor que têm por cada filho! Enfim, não se envergonhem de ser felizes! Pois há quem pense que ser feliz é uma falta de seriedade, ou que ofende os outros...

É que, além disso, os filhos *precisam* muito da alegria dos pais. Como dizia, no meio dos seus entusiasmos, estão cheios de medo do porvir, e se, ainda por cima, os pais carregam as tintas, tornam-se pusilânimes ou macambúzios.

Repare-se também que isto de alegria ou tristeza, de certo modo, é algo que se pode adquirir ou perder. A alegria é um hábito bom, uma virtude; a tristeza, um vício.

Não venhamos com temperamentos. O temperamento mais reservado é compatível com o bom humor; e o temperamento mais expansivo com o azedume, que envenena tudo ao seu redor.

A tristeza habitual nasce do egoísmo, da preguiça e do orgulho, normalmente. Do egoísmo, porque, quando se pretende que tudo gire à volta da nossa importante pessoa, a vida e os astros recusam-se teimosamente a centrar-se em nós. Da preguiça, porque a tristeza é uma habilidade inventada pelos homens para se arrogarem o direito de que ninguém os incomode e de não se incomodarem eles com mais ninguém. Do orgulho, porque a tristeza nos dá um ar de dignidade, e até de majestade, que reclama as atenções e o respeito de toda a gente. É uma espécie de droga, que nos anestesia e enfraquece. Abaixo a tristeza! Os jovens é que têm razão. A vida é o caminho para uma festa eterna! Com chuva ou sol, vamos percorrê-la com ânimo!

A alegria é uma virtude difícil, mas vale a pena. Simplesmente, ou é autêntica, profunda, bem fundamentada, ou é uma idiotice. E alegrias fingidas não servem para velhos nem para novos.

Consideremos isto noutro item.

Fé

Os filhos esperam dos pais uma alegria autêntica. E têm direito a isso, porque, se os pais os trouxeram ao mundo, terá sido por estarem convencidos de que a vida valia a pena. Ora, se os veem pessimistas, desanimados, que significa tal atitude? Que, afinal, a vida não presta? Ou que perdeu valor, entretanto? Ou que os pais se tornaram incompetentes para lhes indicarem o caminho da felicidade?

Um velho amigo meu, convertido depois dos sessenta anos, contou-me que nunca esquecera a resposta do pai agnóstico, quando ele lhe perguntou se Deus existia: «Uns dizem que sim, outros que não...» Nunca se esqueceu, porque foi a resposta mais esquisita, mais estranha, que recebeu na vida. Era rapaz quando o perguntou, mas viu logo perfeitamente que se tratava de uma réplica absurda. Como é que a existência de Deus podia ficar mentalmente em suspenso? Como se podia viver sem saber se sim ou se não?

Não soube resolver então o problema e até se habituou a viver também com aparente indiferença religiosa, mas sempre se sentiu inferiorizado no aspecto fundamental da vida: qual o seu sentido? Aprendeu muitas coisas, tornou-se mesmo um notável pesquisador científico, e, contudo, não sabia por que vivia...

Não há direito. Os pais, pelo simples fato de o serem, têm de responder corretamente à questão religiosa. É a questão decisiva da nossa existência. Não podem encolher os ombros, e muito menos sorrir ironicamente quando se trata do tema.

Talvez julguem que desse modo se mostram superiores, mas o que se mostram é inconscientes, fechando os olhos à realidade fundamental. E com isso são capazes de tornar os filhos dignos descendentes da sua irresponsabilidade. Porque os filhos tendem a imitá-los em tudo, tal como aquele menino a quem o barbeiro perguntou como queria o corte de cabelo: «Careca, como o papai».

Os filhos têm direito a receber dos pais cristãos a fé cristã. Sabida e vivida.

Em primeiro lugar, sabida. Se os pais os trouxeram ao mundo, são eles os primeiros responsáveis pela sua educação. Podem delegar muitas coisas a sacerdotes e professores; o que não podem delegar a ninguém é a primeira instrução da criança, incluindo a formação oportuna sobre a origem da vida. E devem ser também os primeiros catequistas. Logo, hão de conhecer os princípios básicos do Credo. E note-se que o Credo contém muitos artigos...

Também é lógico que os filhos esperem um conhecimento proporcional à idade dos pais. Só faltava que o papai não soubesse o bê-a-bá da doutrina e remetesse sempre o moço ou a moça para a catequista paroquial...

Portanto, sendo os pais, como eles, discípulos de Cristo, também, como eles, devem continuar a aprender o Evangelho até o fim da vida. E assim já o menino não protestará por ir à catequese da paróquia, porque vê que os pais também estão empenhados em aprofundar a doutrina, frequentando outros meios de formação, próprios dos adultos.

Aliás, a catequese das crianças — a catequese organizada — surgiu quando se verificou que os seus naturais catequistas — os pais — não davam conta do recado. Pois, durante muitos séculos, quem recebia instrução sistemática eram os adultos. E estes, por sua vez, ensinavam em casa os mais jovens.

Doutrina e vida

Primeiro, fé sabida. Depois, vivida. Senão, nem parece fé. Ou se acredita, ou não. E acreditar leva a praticar. O chamado «católico não praticante» é uma espécie de «ciclista não pedalante». A fé é uma atitude do homem todo, não só da sua inteligência; uma atitude *prática* perante Deus, a Igreja e os outros.

Os filhos também esperam isso dos pais. A incoerência deixa-os perplexos: se acreditam, por que não acreditam deveras? Se creem, por que não os veem rezar, nem comungar, por que falam tão pouco de Deus, nem se empenham em ser santos?

A tudo se habitua a gente. Até à contradição entre a doutrina e a vida, por desgraça... E os filhos acabam por acostumar-se, em tantos casos, a um cristianismo vago, confuso, a um cristianismo sem Cristo! E por isso, quando o Senhor lhes bate à porta do coração (pois Deus faz-Se sentir a cada alma muitas vezes com grande exigência de amor), os moços, ou não percebem o chamamento divino, ou envergonham-se de o confessar... Olhando para o comportamento dos mais velhos, pensarão que se trata de manias passageiras, ingenuidades infantis... E tentarão esquecer o que sentem, para não se tornarem ridículos. Que responsabilidade a dos pais religiosamente mornos. Nem imaginam o mal que fazem!

Há uma doença endêmica em certas regiões tropicais que provoca uma cegueira progressiva. Em determinadas zonas, a maior parte dos adultos fica completamente cega. Impressiona assistir à cena dramática de uma fila de homens guiados por um menino, que ainda vê! Mas não sei se os rapazinhos não aspirarão à cegueira, já que se tornou sintoma de maturidade!...

Sigam os pais, pelo menos, o exemplo daqueles homens cegos: deixem-se guiar pelos filhos pequenos, que *ainda* gozam da luz da fé. Reconheçam humildemente a sua cegueira espiritual e acompanhem-nos como melhor puderem na primeira

Comunhão e na Confirmação, aproveitando esses tempos de graça para recobrarem a sua fé amortecida!

Peçam ao Senhor nova luz e comecem a frequentar os sacramentos, isto é, a Confissão e a Eucaristia. Lavem a alma e alimentem-na, como fazem com o corpo. Comecem por ter um mínimo de *higiene* espiritual, vivendo em graça de Deus. Devem-no a Deus e aos filhos, porque a fé não se herda por morte, mas por vida.

O Concílio Vaticano II chama à família cristã «igreja doméstica». Repare-se que não lhe chama sacristia nem capela... Quero dizer que a família cristã não é aquela em que se passa o tempo a falar de padres e freiras, ou aquela em que, a toda a hora, se estão rezando ladainhas. Mas é aquela que se abre a toda a família de Cristo, à Igreja universal, triunfante, padecente e militante; aquela em que Deus está presente, mais a Virgem Maria, nossa Mãe, mais São José, mais os anjos e os santos, mais os parentes falecidos — que estarão no Céu rezando por nós e, se estão no Purgatório, de nós esperando também orações, como as restantes almas que aí se purificam —, mais o Santo Padre e as suas intenções, e o Sr. Bispo, por quem se deve rezar igualmente, assim como pelo pároco, mais todas as pessoas necessitadas da nossa ajuda espiritual, particularmente os que mais sofrem, imagem viva de Jesus...

Em suma, a família cristã é a família piedosa; não uma tribo pagã nem uma coleção de carolas. Uma família sensível à glória de Deus, às necessidades da Igreja, às alegrias e anseios do próximo.

Só os pais santos (com a santidade autêntica, compatível com muitas fraquezas) conseguem este ambiente no seu lar.

Oração

Também é um dos direitos dos filhos: a oração dos pais.

E é uma oração poderosa! Poderosa, porque Nosso Senhor não pode negar aos pais as graças necessárias aos filhos que lhes confiou. Se lhos entregou, comprometeu-se automaticamente a prestar-lhes toda a ajuda necessária para a sua felicidade eterna, que é o que mais importa, e para a felicidade terrena própria de um cristão.

Quero dizer com isto que os pais, pelo seu título de pais, podem *arrancar* da misericórdia divina todos os bens necessários e todos os bens convenientes para os seus filhos, através da oração.

E note-se que essa oração não é *poderosa* pelas virtudes que tiverem os pais (as virtudes conferem-lhes outro tipo de *poder*), mas pelo simples fato de serem pais. Tal como a oração do sacerdote, ou de um doente, ou de uma criança inocente: *valem*, em primeiro lugar, pela especial identificação dessas pessoas com Cristo. No caso dos pais, pela sua participação na paternidade de Deus.

Por esse motivo, é muito razoável o costume de pedir-lhes a bênção. A bênção paterna ou materna — «Deus te abençoe, meu filho!» — é precisamente uma oração, uma oração eficaz, pois *obriga* de certo modo Nosso Senhor (na medida em que Ele próprio Se quis obrigar) a derramar sobre os filhos as graças de que necessitam.

Perante quaisquer problemas familiares, por mais graves e insolúveis que pareçam, lembrem-se os pais de que têm ao seu dispor esse meio para os resolver. Talvez Deus permita que demorem a *ver* a generosa resposta que lhes dará; nesses casos, aconselharia os pais aflitos, não só a insistirem na sua petição, mas a agradecerem por antecipado as bênçãos que receberão de Deus; e esse agradecimento, que manifesta a fé e a esperança sobrenaturais que devem acompanhar toda a oração, *forçará* filialmente o Senhor a adiantar aquilo que está ansioso por conceder.

Saudades, perdão, fraqueza...

Terminemos esta carta, que vai longa. Podia referir-me a várias outras esperanças filiais, mas suponho que o principal está dito.

Poderia, por exemplo, falar da justa esperança que hão de ter os filhos na intercessão dos seus pais que Deus já chamou à vida eterna, quer tenham alcançado já o Céu, quer estejam ainda a purificar-se no Purgatório. Não é preciso, porém. Nessa altura, os pais já não faltam aos seus deveres: estão continuamente intercedendo por eles.

Ou podia falar de aspectos secundários da vida familiar, mas que já estão implícitos no que foi dito. Por exemplo, os filhos esperam que os pais tenham saudades deles e que o mostrem com frequência, por carta, telefonemas, visitas... Esperam o seu perdão, quando reconhecem que se portaram mal; um perdão generoso, de que não se arrependam, apesar de novas doidices do rapaz ou da moça... Esperam certa fraqueza dos pais, quando lhes peçam coisas que certamente não merecem...

Esperam, ao fim e ao cabo, que os pais os amem com um amor semelhante ao de Deus, *de Quem procede toda a paternidade nos céus e na terra,* como diz São Paulo. Também Deus é *fraco,* tantas vezes, conosco, até ao ponto de que «aquilo que nos nega, sorrindo, nos concede, zangado», em frase feliz de Santo Agostinho, referindo-se aos nossos pedidos impertinentes, que o Senhor por vezes acaba por escutar.

Também essa *fraqueza* do amor divino (todo o amor autêntico tem esse sinal) O leva a perdoar-nos tudo, tudo, tudo, quantas vezes for preciso, desde que pela nossa parte haja um sincero arrependimento...

Também Ele tem *saudades* nossas enquanto andamos pelas veredas perigosas desta vida, cheia de riscos para a alma, e a toda a hora nos manda recados Seus por meio da consciência, da voz da Igreja, nossa Mãe, e dos acontecimentos humanos...

Para os filhos, os pais são o rosto visível de Deus. Por isso, esperam ver neles refletida, de algum modo, a expressão divina.

Direção geral
Renata Ferlin Sugai

Direção editorial
Hugo Langone

Produção editorial
Juliana Amato
Gabriela Haeitmann
Ronaldo Vasconcelos
Daniel Araújo

Capa
Provazi Design

Diagramação
Sérgio Ramalho

ESTE LIVRO ACABOU DE SE IMPRIMIR
A 20 DE NOVEMBRO DE 2024,
EM PAPEL OFFSET 90 g/m².